Inhalt

Vorwort 6

Die Laut-Buchstaben-Zuordnung 7

Runde 1: **Fuß und Fass**
Die Schreibung der s-Laute 7

Runde 2: **Der Tollpatsch lutscht Karamellbonbons**
Die Verdoppelung von Konsonanten 9

Runde 3: **Die belämmerte Gämse schnäuzt sich**
Die Schreibung von Umlauten und Doppellauten 10

Runde 4: **Schnellläufer sucht Balletttänzerin
in Kongressstadt**
Das Zusammentreffen dreier gleicher Buchstaben 12

Die Fremdwortschreibung 14

Runde 5: **Ein orthografisches Problem**
»th« bleibt »th«, »ph« wird zu »f« 14

Runde 6: **Von Partys, Ladys und Rowdys**
»-ies« wird zu »-ys« 16

Runde 7: **Nie wieder Tunfisch mit Ketschup!**
Einzelfallregelungen 17

Die Worttrennung am Zeilenende 18

Runde 8: **Das Fens-ter ros-tet**
Die Trennung der Buchstabenfolge »st« 18

Runde 9: **Der Bä-cker wird die De-cke fli-cken**
Die Trennung der Buchstabenfolge »ck« 19

Runde 10: **Von Quad-raten, Hyd-ranten und Sig-nalen**
Die Trennung von Konsonant plus »l«, »n«
oder »r« in Fremdwörtern 19

3

Runde 11: *Von Chi-rurgen und Pä-dagogen*
Die Trennung von Zusammensetzungen,
die nicht mehr als solche zu erkennen sind 21

Die Getrennt- und Zusammenschreibung 22

Runde 12: *Lieber Rad fahren statt Maschine schreiben*
Verbindungen aus Substantiv und Verb 22

Runde 13: *Er wird doch auch spazieren gehen*
Verbindungen aus zwei Verben 23

Runde 14: *Den Teller leer essen oder leeressen*
Verbindungen aus Adjektiv und Verb 24

Runde 15: *Hat hier irgendjemand irgendetwas vergessen?*
Verbindungen mit »irgend-« 25

Runde 16: *»Sein oder nicht sein?« ... das ist hier die Frage*
Verbindungen mit »sein« 26

Runde 17: *mithilfe / mit Hilfe,*
infrage / in Frage stellen & Co.
Verbindungen aus Präposition und Substantiv .. 27

Die Schreibung mit Bindestrich 28

Runde 18: *Der 10-jährige Schüler bekommt 2-mal einen 1er*
Zusammensetzungen mit Ziffern 28

Runde 19: *Kaum zu glauben: der Fußball-Bundestrainer*
im Eishockey-Länderspiel
Die Gliederung von unübersichtlichen
Zusammensetzungen 30

Runde 20: *Eine Shortstory mit Happyend*
Der Bindestrich bei
mehrgliedrigen Fremdwörtern 31

Die Groß- und Kleinschreibung 34

Runde 21: *Wir danken dir für dein Verständnis*
Die Schreibung der Anredepronomen 34

Runde 22: **Das schwarze Brett im Auswärtigen Amt**
Feste Verbindungen aus Adjektiv und Substantiv 35

Runde 23: **Heute Abend und morgen Vormittag**
Die Schreibung der Tageszeiten 36

Runde 24: **Alles Übrige bestimmt der Einzelne**
Die Schreibung von
unbestimmten Zahladjektiven 37

Runde 25: **Im Großen und Ganzen sind wir
auf dem Laufenden**
Die Schreibung von substantivierten
Adjektiven in festen Wendungen 39

Runde 26: **Angst machen, aufs Beste regeln & Co.**
Einzelfallregelungen 40

Die Zeichensetzung 42

Runde 27: **Manuela liest ein Buch [,] und Markus
arbeitet im Garten**
Die Kommasetzung vor »und« bzw. »oder« 42

Runde 28: **Sie nahm sich vor [,] die neue
Rechtschreibung zu erlernen**
Die Kommasetzung bei Infinitivgruppen 43

Runde 29: **»Jetzt habe ich mit der neuen Rechtschreibung
keine Probleme mehr!«, rief sie.**
Die Kommasetzung in Verbindung mit
Anführungszeichen 45

Runde 30: **Das hör ich gern!**
Kein Apostroph für das ausgefallene Schluss-e
bei Verbformen 46

Grammatische Fachbegriffe 48

Duden-geprüfte Wörterliste:
**Von Abend bis Zuschuss – 300 Neuschreibungen,
an denen Sie nicht vorbeikommen** 52

Vorwort

Fühlen Sie sich in der neuen Rechtschreibung hundertprozentig fit? Oder geraten Sie bei der Schreibung von *Flussschifffahrt, selbstständig, Rad fahren, auf Deutsch, im Folgenden* doch ein bisschen in Verlegenheit? Dieser Ratgeber informiert Sie in leicht verständlicher Form über alles Wesentliche, was Sie für den Gebrauch der reformierten *Orthographie* – oder jetzt auch *Orthografie* – wissen müssen.

In 30 lockeren Trainingsrunden haben wir Ihnen die wichtigsten Regeländerungen entsprechend der Rechtschreibreform mit Beispielen zusammengestellt. So bekommen Sie die neuen Regeln schnell und ohne Umwege in den Griff.

Ein Verzeichnis von 300 markanten Neuschreibungen finden Sie in der Duden-geprüften Wörterliste ab Seite 52. Die Gegenüberstellung von alter und neuer Schreibweise zeigt Ihnen auf einen Blick, welche häufig gebrauchten Wörter jetzt anders geschrieben werden bzw. wo die bisherige Schreibweise neben der neuen als Variante gilt.

Alle Regeln und Schreibungen in diesem Band folgen dem amtlichen Regelwerk der deutschen Rechtschreibung in der aktuellen Fassung, das die verbindliche Grundlage des Rechtschreibunterrichts an allen Schulen bildet.

Wir wünschen Ihnen einen kurzen und einfachen Umstieg auf die neue deutsche Rechtschreibung!

Im Herbst 2014   *Autor und Verlag*

Runde 1

Fuß und Fass – Die Schreibung der s-Laute

Um es gleich auf den Punkt zu bringen: In der Überschrift hat nicht der Fehlerteufel sein Unwesen getrieben! Das **Fass** wird in neuer Rechtschreibung tatsächlich mit **ss** (Doppel-**s**) geschrieben, während Ihnen der **Fuß** auch weiterhin mit **ß** (scharfes **s** oder Eszett) begegnen wird. Denn – ab jetzt führt die Aussprache zur richtigen Schreibung.

Entscheidend ist der *Vokal** **vor** dem **s**-Laut: Wenn dieser lang und gedehnt gesprochen wird – wie das **u** im Wort **Fuß** – bleibt alles beim Alten. Wenn jedoch ein kurzer Vokal vorangeht, wird das **ß** kurzerhand zu **ss** – so wie im Wort **Fass**.

Um es also kurz zu machen: Die Länge des *Vokals* vor dem **s**-Laut ist für die neue Verteilung von **ss** und **ß** ausschlaggebend. Und hier kommt auch gleich die erste neue ...

Regel

Nach einem **kurzen** *Vokal* schreibt man immer **ss**.

Alt & Neu im Vergleich

alte Schreibung	neue Schreibung
Baß	Bass
Fluß	Fluss
Guß	Guss

---

* Die kursiv hervorgehobenen Fachbegriffe aus der deutschen Grammatik werden auf den Seiten 48 bis 51 erläutert.

Alt & Neu im Vergleich

alte Schreibung	neue Schreibung
Kuß	Kuss
Nuß	Nuss
Riß	Riss
Schuß	Schuss
naß	nass
bißchen	bisschen
seßhaft	sesshaft
häßlich	hässlich
wäßrig	wässrig
[er / sie] vergißt	[er / sie] vergisst
[er / sie] wußte	[er / sie] wusste

Nach einem **langen** *Vokal* oder einem *Doppellaut* bleibt das *ß* dagegen bestehen:

Gruß, Verstoß, Straße, Buße, Blöße, stoßen, grüßen, Strauß, Fleiß, Spieß, äußern, beißen, anschließend

In einigen Wortstämmen ändert sich die Länge des *Vokals* vor dem **s**-Laut. In diesem Fall **wechselt** die Schreibung der Wörter mit **ss** und *ß:*

- *beschließen – [er / sie] beschloss – der Beschluss*
- *fließen – [es] floss – der Fluss – das Floß*
- *gießen – [er / sie] goss – der Guss*
- *messen – [er / sie] misst – das Maß*
- *reißen – [er / sie] riss – der Riss*
- *schießen – [er / sie] schoss – der Schuss*
- *vergessen – [er / sie] vergaß – vergesslich*
- *wissen – [er / sie] weiß – [er / sie] wusste*

Besonderheiten

- Die *Konjunktion* **dass** wird wegen des **kurzen** *Vokals* vor dem **s**-Laut jetzt auch mit **ss** geschrieben. Die Unterscheidung zwischen **das** und **dass** bleibt bestehen:

  Dieser Satz verdeutlicht, dass das Wort »das« / »dass« als Artikel und als Konjunktion verwendet wird.

- In **Österreich** darf das Wort **Spaß** auch mit **ss** geschrieben werden:

  Ein bisschen Spaß / Spass muss sein!

- In der **Schweiz** wird das **ß** generell durch **ss** ersetzt:

  Gruss, Verstoss, Füsse, Strasse, Spiess, aussen, beissen

Zum Abschluss der ersten Trainingsrunde noch eine Empfehlung Ihres Hausarztes:

Trinken Sie in Maßen und nicht in Massen!

Runde 2

Der Tollpatsch lutscht Karamellbonbons – Die Verdoppelung von Konsonanten

Nach einem **kurzen** *Vokal* zeigt sich nicht nur der **s**-Laut im Doppelpack. Auch andere Konsonanten tauchen als Zwillinge auf, wie zum Beispiel das **l** in **Karamell**, das **p** in **Tipp** oder das **t** in **Fritteuse**.

Regel

Folgt im Wortstamm auf einen **kurzen** *Vokal* ein einzelner *Konsonant*, so wird dieser oftmals **verdoppelt**.

alte Schreibung	neue Schreibung
As	Ass
Friteuse	Fritteuse
Karamel	Karamell
Mesner	Mesner / Messner*
Mop	Mopp
numerieren	nummerieren
Step	Stepp
Stop	Stopp
Tip	Tipp
Tolpatsch	Tollpatsch
tschüs	tschüs / tschüss
Waggon	Waggon / Wagon

Apropos: Das Wort *platzieren* wird jetzt mit *tz* geschrieben.

Runde 3

Die belämmerte Gämse schnäuzt sich – Die Schreibung von Umlauten und Doppellauten

Bitte machen Sie sich über den Inhalt dieses *gräulichen* Satzes keine **überschwänglichen** Gedanken ... Die Überschriften in den Trainingsrunden sollen Sie schließlich etwas zum Schmunzeln bringen. Das Thema selbst ist ja schon »trocken« genug!

Jedenfalls haben Sie ganz nebenbei fünf Wörter kennengelernt, die eine Gemeinsamkeit verbindet: Die Fünflinge haben den *Vokal e* bzw. den *Doppellaut eu* zugunsten von *ä* bzw. *äu* an den Nagel gehängt.

---

* Mit einem Schrägstrich werden Schreibvarianten voneinander abgetrennt. In diesen Fällen sind jetzt beide Schreibweisen zulässig.

Frei nach der Redensart »Der Apfel fällt nicht weit vom Stamm« lassen sich diese Wörter nun von einem Stammwort mit **a** bzw. **au** ableiten:

- *bel**ä**mmert* von *L**a**mm*
- *G**ä**mse* von *G**a**ms*
- *überschw**ä**nglich* von *Überschw**a**ng*
- *schn**äu**zen* von *Schn**au**ze*
- *gr**äu**lich* von *Gr**au**en*

Regel

Wörter mit **ä** bzw. **äu** lassen sich in der Regel von einem **Stammwort** mit **a** bzw. **au** ableiten.

Alt & Neu im Vergleich

alte Schreibung	neue Schreibung
beh**e**nde	beh**ä**nde
bel**e**mmert	bel**ä**mmert
B**e**ndel	B**ä**ndel
G**e**mse	G**ä**mse
Qu**e**ntchen	Qu**ä**ntchen
St**e**ngel	St**ä**ngel
überschw**e**nglich	überschw**ä**nglich
einbl**eu**en	einbl**äu**en
verbl**eu**en	verbl**äu**en
Gr**eu**el	Gr**äu**el
schn**eu**zen	schn**äu**zen

Bei den folgenden beiden Wörtern können Sie jetzt zwischen zwei Schreibweisen wählen:

- *aufw**e**ndig / aufw**ä**ndig*
- *Schenke / Sch**ä**nke*

■ Die Schreibweise der folgenden Wörter wurde **nicht** verändert, obwohl ein **Stammwort** mit *a* vorhanden ist:

Eltern (trotz *alt*)
Henne (trotz *Hahn*)
Spengler (trotz *Spange*)
Stempel (trotz *stampfen*)
gerben (trotz *gar*)
heften (trotz *haften*)
schellen (trotz *schallen*)
schwenken (trotz *schwanken*)
wecken (trotz *wachen*)

■ Die nachfolgenden Wörter werden mit *äu* geschrieben, obwohl **kein** Stammwort (mehr) mit *au* vorhanden ist:

Knäuel, Räude, Säule, räuspern, sträuben, täuschen

Runde 4

Schnellläufer sucht Balletttänzerin in Kongressstadt – Das Zusammentreffen dreier gleicher Buchstaben

Nicht nur in der Heiratsanzeige der örtlichen Zeitung kommt es vor, dass in einer Zusammensetzung drei gleiche Buchstaben aufeinandertreffen. Wie die Wörter **Schnellläufer, Balletttänzerin** und **Kongressstadt** schon zeigen, wird jetzt keiner der Drillinge mehr über Bord geworfen.

Regel

Wenn **drei gleiche** Buchstaben in einer Zusammensetzung aufeinandertreffen, bleiben **alle** erhalten. Zur besseren Lesbarkeit kann ein **Bindestrich** gesetzt werden.

Alt & Neu im Vergleich

alte Schreibung	neue Schreibung
Schiffahrt	Schifffahrt / Schiff-Fahrt
Brennessel	Brennnessel / Brenn-Nessel
Kreppapier	Krepppapier / Krepp-Papier
Nullinie	Nulllinie / Null-Linie
Stilleben	Stillleben / Still-Leben
Kaffee-Ernte	Kaffeeernte / Kaffee-Ernte
Klee-Einsaat	Kleeeinsaat / Klee-Einsaat
Schnee-Eule	Schneeeule / Schnee-Eule
Tee-Ei	Teeei / Tee-Ei
Hawaii-Insel	Hawaiiinsel / Hawaii-Insel

Die Regelung gilt auch für Wörter, deren **erster** Bestandteil jetzt mit **ss** statt – wie bislang – mit **ß** endet:

- *Basssänger / Bass-Sänger*
- *Kongressstadt / Kongress-Stadt*
- *Messstelle / Mess-Stelle*
- *Presssack / Press-Sack*
- *Stresssituation / Stress-Situation*

Besonderheiten

- Die Wörter ***dennoch***, ***Drittel*** und ***Mittag*** werden weiterhin mit zwei *Konsonanten* geschrieben.

- Auch bei der Endung ***-heit*** bleibt jetzt das vorausgehende ***h*** erhalten:
  Rohheit
  Zähheit

Die Fremdwortschreibung

Ein orthografisches Problem –
»th« bleibt »th«, »ph« wird zu »f«

Natürlich geht es nicht nur in der fünften Runde dieses Trainings um **orthografische** Probleme. Doch nun ist das Wort **Orthografie** auch noch selbst von der Neuregelung betroffen: Es darf mit **f** oder weiterhin mit **ph** geschrieben werden – doch an dem **th** führt kein Weg vorbei: **Orthografie / Orthographie**.

Regel

In Fremdwörtern können die Wortbestandteile **phon, phot** und **graph** durch **fon, fot** und **graf** ersetzt werden.

Alt & Neu im Vergleich

alte Schreibung	neue Schreibung
Autograph	Autograf / Autograph
Bibliographie	Bibliografie / Bibliographie
Choreographie	Choreografie / Choreographie
Diktaphon	Diktafon / Diktaphon
Geographie	Geografie / Geographie
Grammophon	Grammofon / Grammophon
Kalligraphie	Kalligrafie / Kalligraphie
Lexikographie	Lexikografie / Lexikographie
Megaphon	Megafon / Megaphon
Monographie	Monografie / Monographie
Orthographie	Orthografie / Orthographie

Alt & Neu im Vergleich

alte Schreibung	neue Schreibung
Paragraph	Paragraf / Paragraph
Saxophon	Saxofon / Saxophon
Seismograph	Seismograf / Seismograph
Stenographie	Stenografie / Stenographie
Topographie	Topografie / Topographie
Vibraphon	Vibrafon / Vibraphon

Besonderheiten

- Alle anderen griechischen Fremdwörter mit **ph** bleiben **unverändert:**

  Alphabet, Apostroph, Asphalt, Katastrophe, Metapher, Phänomen, Philosophie, Physik, Sphäre, Strophe, Triumph

- Ebenfalls **unverändert** bleiben die Fremdwörter mit **th:**

  Apotheke, Bibliothek, Diskothek, Ethos, Leichtathletik, Mathematik, Theater, Theke, These, Thron

- Bei Fremdwörtern mit der Endung **-tial / -tiell** ist in einigen Fällen auch eine Schreibung mit **-zial / -ziell** möglich, wenn es ein verwandtes Wort mit der Endung **-z** gibt:

  Differenzial / Differential (Differenz)
  essenziell / essentiell (Essenz)
  existenziell / existentiell (Existenz)
  Potenzial / Potential (Potenz)
  substanziell / substantiell (Substanz)

Von Partys, Ladys und Rowdys – »-ies« wird zu »-ys«

In dieser Runde geht es zwar nicht um die Abenteuer im Wilden Westen, obwohl von **Partys**, **Ladys** und **Rowdys** die Rede sein wird. Wie Sie bereits zu Recht vermuten, wurde auch in diesem Bereich die Schreibung der Fremdwörter verändert:

Regel

Englische *Substantive* mit der Endung **-y** bilden den *Plural* durch das Anhängen eines **-s** am Wortende.

Alt & Neu im Vergleich

alte Schreibung	neue Schreibung
Ladys / Ladies	Ladys
Lobbys / Lobbies	Lobbys
Partys / Parties	Partys
Rowdys / Rowdies	Rowdys

In diesem eng abgesteckten Gebiet müssen Sie also von den bisher gültigen Schreibungen Abschied nehmen ...

Nie wieder Tunfisch mit Ketschup! – Einzelfallregelungen

Bei einigen Fremdwörtern haben Sie jetzt die Qual der Wahl, da Sie diese in zwei Varianten schreiben dürfen:

Alt & Neu im Vergleich

alte Schreibung	neue Schreibung
Bravour	Bravur / Bravour
Chansonnier	Chansonier / Chansonnier
Delphin	Delfin / Delphin
Grizzlybär	Grislibär / Grizzlybär
Hämorrhoiden	Hämorriden / Hämorrhoiden
Joghurt	Jogurt / Joghurt
Justitiar	Justiziar / Justitiar
Ketchup	Ketschup / Ketchup
Necessaire	Nessessär / Necessaire
Panther	Panter / Panther
Platitüde	Plattitüde / Platitude
Portemonnaie	Portmonee / Portemonnaie
pushen	puschen / pushen
Saisonnier	Saisonier / Saisonnier
Shrimp	Schrimp / Shrimp
Spaghetti	Spagetti / Spaghetti
Thunfisch	Tunfisch / Thunfisch
Trekking	Trecking / Trekking

Runde 8

Das Fens-ter ros-tet –
Die Trennung der Buchstabenfolge »st«

Bestimmt wird Ihnen aus Ihrer Schulzeit noch der Merkspruch »Trenne nie das *s* vom *t*, denn es tut den beiden weh!« in guter Erinnerung sein. Dieser Vers hat nun seine Schuldigkeit getan. Das Trennverbot von *st* wurde **aufgehoben:**

Regel

Die Buchstabenfolge *st* kann **getrennt** werden.

Alt & Neu im Vergleich

alte Worttrennung	neue Worttrennung
Ka-sten	Kas-ten
Li-ste	Lis-te
fa-sten	fas-ten
ro-sten	ros-ten
lu-stig	lus-tig
be-stens	bes-tens
mei-stens	meis-tens

Runde 9

Der Bä–cker wird die De–cke fli–cken – Die Trennung der Buchstabenfolge »ck«

Auch das *ck* wurde von der Rechtschreibreform nicht verschont. Es wird jetzt bei der Worttrennung **nicht** mehr in *k-k* aufgelöst, sondern gleich auf die neue Zeile gesetzt:

Regel

Die Buchstabenfolge *ck* wird beim **Trennen** auf die **neue** Zeile gesetzt.

Alt & Neu im Vergleich

alte Worttrennung	neue Worttrennung
Bäk-ker	*Bä-cker*
Dek-kel	*De-ckel*
Glok-ke	*Glo-cke*
Sok-ke	*So-cke*
Wek-ker	*We-cker*
flik-ken	*fli-cken*
lok-ken	*lo-cken*

Runde 10

Von Quad–raten, Hyd–ranten und Sig–nalen – Die Trennung von Konsonant plus »l«, »n« oder »r« in Fremdwörtern

Wie heißt es doch so schön: »Fremdwörter sind Glückssache!« Nicht nur bei der Schreibung eines Fremdworts, sondern auch bei der Worttrennung kommt man schnell in Verlegenheit:

Muss man das **Quadrat** nach dem *a (Qua-drat)* oder erst nach dem *d (Quad-rat)* trennen? Und wie ist das mit den **Hydranten** und den **Signalen?** Um Sie nicht länger auf die Folter zu spannen – hier die ...

Regel

Buchstabenverbindungen aus *Konsonant* plus *l*, *n* oder *r* können in Fremdwörtern **getrennt** werden.

In Fremdwörtern wurden die folgenden Buchstabengruppen nach der bisherigen Regelung **nicht** getrennt:

- *bl – cl – fl – gl – kl – pl – phl*
- *gn – kn*
- *br – cr – dr – fr – gr – kr – pr – phr – tr – thr – vr*

Die neuen Regeln erlauben eine Trennung dieser Verbindungen. Allerdings bleiben auch die **bisherigen** Worttrennungen gültig:

Alt & Neu im Vergleich

alte Worttrennung	neue Worttrennung
Ta-blett	Ta-blett / Tab-lett
Zy-klus	Zy-klus / Zyk-lus
Ka-plan	Ka-plan / Kap-lan
Ma-gnet	Ma-gnet / Mag-net
Si-gnal	Si-gnal / Sig-nal
Fe-bru-ar	Fe-bru-ar / Feb-ru-ar
Hy-drant	Hy-drant / Hyd-rant
Qua-drat	Qua-drat / Quad-rat
Sa-kra-ment	Sa-kra-ment / Sak-ra-ment
neu-tral	neu-tral / neut-ral

Von Chi–rurgen und Pä–dagogen –
Die Trennung von Zusammensetzungen,
die nicht mehr als solche zu erkennen sind

Einheimische Wörter, bei denen es sich aus historischer Sicht um Zusammensetzungen handelt, wurden bislang zwischen den einzelnen Bestandteilen getrennt:

dar-aus, her-an, hin-aus, war-um, ein-an-der

Fremdwörter wurden bisher nach den in der Herkunftssprache üblichen Regeln getrennt:

Chir-urg, He-li-ko-pter, In-ter-es-se, Päd-ago-ge

Jetzt können Sie diese Wörter auch »offiziell« nach Sprechsilben trennen. Die **bisherigen** Worttrennungen bleiben allerdings auch weiterhin gültig:

Regel

Wörter, die **nicht** mehr als Zusammensetzungen empfunden werden, können nach **Sprechsilben getrennt** werden.

Alt & Neu im Vergleich

alte Worttrennung	neue Worttrennung
dar-aus	*dar-aus / da-raus*
her-an	*her-an / he-ran*
hin-aus	*hin-aus / hi-naus*
war-um	*war-um / wa-rum*
ein-an-der	*ein-an-der / ei-nan-der*
Chir-urg	*Chir-urg / Chi-rurg*
He-li-ko-pter	*He-li-ko-pter / He-li-kop-ter*
In-ter-es-se	*In-ter-es-se / In-te-res-se*
Päd-ago-ge	*Päd-ago-ge / Pä-da-go-ge*

Die Getrennt- und Zusammenschreibung

Lieber Rad fahren statt Maschine schreiben – Verbindungen aus Substantiv und Verb

Bestimmte Verbindungen aus *Substantiv* und *Verb* waren bis zur Einführung der neuen Rechtschreibung fester Bestandteil in jedem »orthografischen Gruselkabinett« und brachten auch geübte Schreiber ganz schön in Verlegenheit. So konnte man zwar (getrennt) ***Auto fahren,*** musste aber (zusammen) ***radfahren*** ...

Wie Sie anhand der beiden Beispiele in der Überschrift bereits gesehen haben, gilt jetzt folgende ...

Regel

Verbindungen aus *Substantiv* und *Verb* werden in der Regel **getrennt** geschrieben.

Alt & Neu im Vergleich

alte Schreibung	neue Schreibung
hofhalten	*Hof halten*
kegelschieben	*Kegel schieben*
maschineschreiben	*Maschine schreiben*
radfahren	*Rad fahren*

Die folgenden Wörter werden **zusammengeschrieben,** da das *Substantiv* als verblasst angesehen wird:

eislaufen, kopfstehen, standhalten, teilhaben, wundernehmen

Daher schreibt man auch:

Ich laufe eis.
Ich stehe kopf.

Runde 13

Er wird doch auch spazieren gehen – Verbindungen aus zwei Verben

Wie Sie sich bestimmt lebhaft vorstellen können, hat die neue Orthografie auch bei der Getrenntschreibung von ***spazieren gehen*** die Hände mit im Spiel:

Regel

Verbindungen aus einem *Verb* im *Infinitiv* und einem zweiten *Verb* werden in der Regel **getrennt** geschrieben.

Alt & Neu im Vergleich

alte Schreibung	neue Schreibung
spazierenfahren	*spazieren fahren*
spazierengehen	*spazieren gehen*

Wie bisher schreibt man:

- *baden gehen*
- *laufen lernen*
- *lesen üben*
- *tanzen lernen*

usw.

Besonderheiten

- Verbindungen mit *bleiben* oder *lassen* können **getrennt** oder **zusammengeschrieben** werden, wenn die Verbindung im **übertragenen** Sinne verwendet wird:

  liegen bleiben / liegenbleiben (»unerledigt bleiben«), *stehen lassen / stehenlassen* (»nicht länger beachten, sich abwenden«)

- Die Verbindung *kennen lernen / kennenlernen* kann ebenfalls **getrennt** oder **zusammengeschrieben** werden.

Runde 14

Den Teller leer essen oder leeressen – Verbindungen aus Adjektiv und Verb

Und schon ist die nächste Regel im Anmarsch:

Regel

Verbindungen aus *Adjektiv* und *Verb* können **getrennt** oder **zusammengeschrieben** werden, wenn ein einfaches, nicht dekliniertes *Adjektiv* das **Ergebnis** des vom *Verb* benannten Vorgangs beschreibt.

Einige Beispiele zur Verdeutlichung:

- *Das Glas kaputt machen / kaputtmachen.*
- *Die Wurst klein schneiden / kleinschneiden.*
- *Den Teller leer essen / leeressen.*
- *Die Haare blond färben / blondfärben.*

Besonderheiten

- Man schreibt **zusammen**, wenn die Verbindung eine **neue, übertragene Gesamtbedeutung** hat:

  etwas im Protokoll festhalten (»notieren«),
  einen Irrtum richtigstellen (»berichtigen«)

- Ist das *Adjektiv* **erweitert** oder **zusammengesetzt**, wird nur **getrennt** geschrieben:

  sehr groß schreiben, hellblond färben

- Auch in den übrigen Fällen schreibt man getrennt:

  auswendig lernen, kritisch denken

Runde 15

Hat hier irgendjemand irgendetwas vergessen? – Verbindungen mit »irgend-«

Die Überschrift zeigt bereits, wie sich die Verbindungen mit *irgend-* jetzt zeigen:

Regel

Verbindungen mit *irgend-* werden **zusammengeschrieben**.

alte Schreibung	neue Schreibung
irgend etwas	*irgendetwas*
irgend jemand	*irgendjemand*

Besonderheiten

Die Neuregelung gilt **nicht,** wenn der zweite Bestandteil der Verbindung **erweitert** ist:

> *irgend so ein, irgend so eine, irgend so einer,*
> *irgend so etwas*

Runde 16

»Sein oder nicht sein?« … das ist hier die Frage – Verbindungen mit »sein«

Hier kommt auch schon die nächste Regel zur Getrennt- und Zusammenschreibung – ganz ohne Ausnahme!

Regel

Verbindungen mit *sein* werden **getrennt** geschrieben.

Alt & Neu im Vergleich

alte Schreibung	neue Schreibung
dabeisein	*dabei sein*
dasein	*da sein*
hiersein	*hier sein*
zusammensein	*zusammen sein*

mithilfe / mit Hilfe, infrage / in Frage stellen & Co. – Verbindungen aus Präposition und Substantiv

Dass Sie **mithilfe / mit Hilfe** der Trainingsrunden **imstande / im Stande** sind, mit der neuen Rechtschreibung **zurande / zu Rande** zu kommen, steht wohl zweifelsfrei fest. Jetzt erfahren Sie, wie man mit diesen Verbindungen umgeht:

Regel

Bestimmte häufig gebrauchte Verbindungen aus *Präposition* und *Substantiv* kann man **zusammen-** oder **getrennt schreiben.**

- *aufseiten / auf Seiten*
- *vonseiten / von Seiten*
- *mithilfe / mit Hilfe*
- *zugunsten / zu Gunsten*
- *zuungunsten / zu Ungunsten*
- *zulasten / zu Lasten*
- *außerstande / außer Stande (sein)*
- *imstande / im Stande (sein)*
- *infrage / in Frage (stellen)*
- *zugrunde / zu Grunde (gehen)*
- *zuhause / zu Hause*
- *zuleide / zu Leide (tun)*
- *zumute / zu Mute (sein)*
- *zurande / zu Rande (kommen)*
- *zuschanden / zu Schanden (machen)*
- *zustande / zu Stande (bringen)*
- *zutage / zu Tage (fördern)*
- *zuwege / zu Wege (bringen)*

Die Schreibung mit Bindestrich

Der 10–jährige Schüler bekommt 2–mal einen 1er – Zusammensetzungen mit Ziffern

Gleich eine positive Nachricht vorweg: Durch die Einführung der neuen Rechtschreibung hat sich der Gebrauch des Bindestrichs nicht großartig verändert. Er begegnet Ihnen auch weiterhin bei Zusammensetzungen mit **Einzelbuchstaben** und **Abkürzungen.** Wie wärs mit einigen Beispielen zur Auffrischung?

- **Zusammensetzungen mit Einzelbuchstaben**
  C-Dur, *e*-Moll, *O*-Beine, *x*-beliebig, *y*-Achse
  Binde-*s*, Dativ-*e*, Genitiv-*s*

- **Zusammensetzungen mit Abkürzungen**
  E-Mail, *UV*-Strahlen, *ZDF*-Intendant
  Tel.-Nr. (Telefonnummer), *röm.-kath.* (römisch-katholisch)

Jetzt wird dieser Gebrauch auch auf Zusammensetzungen mit **Ziffern** ausgedehnt:

Regel

In Zusammensetzungen mit **Ziffern** wird ein **Bindestrich** gesetzt.

Alt & Neu im Vergleich

alte Schreibung	neue Schreibung
12jährig	*12-jährig*
[der / die] 12jährige	*[der / die] 12-Jährige*
7mal	*7-mal*

Alt & Neu im Vergleich

alte Schreibung	neue Schreibung
1malig	1-malig
100prozentig	100-prozentig
4silbig	4-silbig
16ender	16-Ender
3karäter	3-Karäter
2pfünder	2-Pfünder
3tonner	3-Tonner
6zylinder	6-Zylinder

Natürlich geht es auch diesmal nicht ohne ...

Besonderheiten

- Der Bindestrich **entfällt,** wenn die Ziffer mit einer *Nachsilbe* wie *-[s]tel* oder *-er* verbunden ist:

    [das] 16tel, [das] 30stel, [ein] 68er, 100%ig

- Der Bindestrich wird jedoch **gesetzt,** wenn die Ziffer und die *Nachsilbe* den Bestandteil einer Zusammensetzung bilden:

    [der] 10er-Block, [die] 61er-Bildröhre,
    [die] 68er-Generation

- Bei Verbindungen mit der *Nachsilbe -fach* oder dem Wort *Jahr* ist die Schreibung **mit** und **ohne** Bindestrich zulässig:

    10-fach / 10fach, [das] 10-Fache / [das] 10fache

    [die] 70er-Jahre / [die] 70er Jahre,
    [in den] 80er-Jahren / [in den] 80er Jahren

- Steht nur **ein Buchstabe,** gefolgt von einer *Nachsilbe,* **setzt** man einen Bindestrich:

    [zum] x-ten Mal, die x-te Wurzel

Kaum zu glauben: der Fußball-Bundestrainer im Eishockey-Länderspiel – Die Gliederung von unübersichtlichen Zusammensetzungen

Nicht nur den »Bandwurmwörtern« wie dem berühmt-berüchtigten

Donaudampfschifffahrtsgesellschaftskapitänskajütentürschloss

kommt die neue Rechtschreibung zugute! Auch etwas kürzere Zusammensetzungen können jetzt mithilfe eines **Bindestrichs** lese-freundlicher gestaltet werden. Doch sehen Sie selbst ...

Regel

Der **Bindestrich** kann zur Gliederung von **unübersichtlichen** Zusammensetzungen gesetzt werden.

Alt & Neu im Vergleich

alte Schreibung	neue Schreibung
Einkommensteuererklärung	*Einkommensteuererklärung /* *Einkommensteuer-Erklärung*
Eishockeyländerspiel	*Eishockeyländerspiel /* *Eishockey-Länderspiel*
Fußballbundestrainer	*Fußballbundestrainer /* *Fußball-Bundestrainer*
Straßenbahnfahrplan	*Straßenbahnfahrplan /* *Straßenbahn-Fahrplan*

Bei **einfachen** Zusammensetzungen sollten Sie dagegen auf den Bindestrich **verzichten**. – Um gleich beim Sport zu bleiben:

- *Eishockey* (nicht: **Eis-Hockey*)
- *Fußball* (nicht: **Fuß-Ball*)

Eine Shortstory mit Happyend – Der Bindestrich bei mehrgliedrigen Fremdwörtern

In den letzten Trainingsrunden haben Sie bereits die Änderungen bei der Schreibung und Trennung von Fremdwörtern kennengelernt. Doch auch beim Gebrauch des Bindestrichs in Fremdwörtern gibt es Neuigkeiten zu vermelden:

Ab sofort können Sie nahezu alle Fremdwörter aus der englischen Sprache **zusammenschreiben.** Allerdings ist es auch möglich, die einzelnen Bestandteile mit dem **Bindestrich** zu koppeln. Bitte achten Sie in diesen Fällen auf die **Großschreibung** des zweiten Bestandteils, sofern es sich hierbei um ein *Substantiv* handelt.

Die Wahl zwischen der Zusammenschreibung des Fremdworts oder dessen Koppelung mit Bindestrich sollten Sie in erster Linie von der **Lesbarkeit** des Worts abhängig machen: Während man zum Beispiel die Wörter *Layout* und *Playback* ohne Bindestrich problemlos lesen kann, ist er sicherlich beim *Fulltimejob* und der *Sciencefiction* ein gern gesehener Gast:

- *Fulltime-Job*
- *Science-Fiction*

Die folgende Regel bringt die ganze Sache nochmals auf den Punkt:

Regel

Der **Bindestrich** kann bei **mehrgliedrigen Fremdwörtern** zur besseren **Lesbarkeit** gesetzt werden.

Die Schreibung mit Bindestrich

Alt & Neu im Vergleich

alte Schreibung	neue Schreibung
Action-painting	Actionpainting / Action-Painting
Assessmentcenter	Assessmentcenter / Assessment-Center
Blackout	Blackout / Black-out
Comeback	Comeback / Come-back
Feedback	Feedback / Feed-back
Full-time-Job	Fulltimejob / Fulltime-Job
Handout	Handout / Hand-out
Kickdown	Kickdown / Kick-down
Layout	Layout / Lay-out
Midlife-crisis	Midlifecrisis / Midlife-Crisis
Moto-Cross	Motocross / Moto-Cross
Playback	Playback / Play-back
Science-fiction	Sciencefiction / Science-Fiction
Shopping-Center	Shoppingcenter / Shopping-Center

Verbindungen aus *Adjektiv* und *Substantiv* können Sie jetzt **zusammen-** oder **getrennt** schreiben, wenn der Hauptakzent auf dem ersten Bestandteil liegt. Bitte achten Sie darauf, dass in diesen Fällen **kein** Bindestrich gesetzt wird:

Alt & Neu im Vergleich

alte Schreibung	neue Schreibung
Common sense	Commonsense / Common Sense
Fast food	Fastfood / Fast Food
Happy-End	Happyend / Happy End
Hard Rock	Hardrock / Hard Rock

Alt & Neu im Vergleich

alte Schreibung	neue Schreibung
Hot dog	Hotdog / Hot Dog
Hot pants	Hotpants / Hot Pants
Short story	Shortstory / Short Story
Soft Drink	Softdrink / Soft Drink

aber nur:

- *Electronic Banking*
- *High Society*
- *Joint Venture*
- *New Economy*
- *Sudden Death*

usw.

Besonderheiten

Wenn der erste Bestandteil des Fremdworts **nicht** eigenständig existiert, wird **zusammengeschrieben:**

- *afroamerikanisch*
- *afroasiatisch*
- *Afrolook*
- *galloromanisch*
- *Neoliberalismus*

Die Groß- und Kleinschreibung

Wir danken dir für dein Verständnis –
Die Schreibung der Anredepronomen

Auch beim Schreiben Ihrer Briefe kommt Ihnen die neue Rechtschreibung zugute – vor allem, wenn Sie den Empfänger duzen:

Regel

In **Briefen** und **Urkunden** können die *Anredepronomen* **du** und **ihr** sowie die entsprechenden *Possessivpronomen* **dein** und **euer** **klein-** oder **großgeschrieben** werden.

Alt & Neu im Vergleich

alte Schreibung	neue Schreibung
Ich danke Dir für Dein Foto, das Du mit Deiner Digitalkamera gemacht hast.	*Ich danke dir / Dir für dein / Dein Foto, das du / Du mit deiner / Deiner Digitalkamera gemacht hast.*
Wir freuen uns auf Euch und Eueren baldigen Besuch!	*Wir freuen uns auf euch / Euch und eueren / Eueren baldigen Besuch!*

Die obligatorische **Großschreibung** des *Anredepronomens* **Sie** und des entsprechenden *Possessivpronomens* **Ihr** bleibt dagegen bestehen:

- *Ich danke Ihnen für Ihr Foto, das Sie mit Ihrer Digitalkamera gemacht haben.*
- *Wir freuen uns auf Sie und Ihren baldigen Besuch!*

Das schwarze Brett im Auswärtigen Amt – Feste Verbindungen aus Adjektiv und Substantiv

Als erfahrener Leser dieses Trainingsbandes konnten Sie anhand der Überschrift bereits feststellen, dass es auch in dieser Runde um die Tücken der Groß- und Kleinschreibung geht. Eine neue Regel ist im Anmarsch:

Regel

Adjektive und *Substantive* können **feste** Verbindungen eingehen. Diese Verbindungen erhalten häufig im Laufe der Zeit eine eigene Bedeutung, die mehr ist als die Summe der Bedeutungen der einzelnen Wörter. In diesen Fällen ist neben der **Kleinschreibung** des *Adjektivs* auch die **Großschreibung** möglich.

Alt & Neu im Vergleich

alte Schreibung	neue Schreibung
das Schwarze Brett	das schwarze / Schwarze Brett
die rote Karte	die rote / Rote Karte
die Schwarze Magie	die schwarze / Schwarze Magie

Doch auch in diesem Bereich geht es leider nicht ohne einige ...

Besonderheiten

- Es bleibt bei der **obligatorischen Großschreibung**, wenn es sich bei der festen Verbindung um einen **Eigennamen** handelt:

    das Alte und das Neue Testament
    die Deutsche Nationalbibliothek
    das Erste Deutsche Fernsehen

Besonderheiten

■ Auch in folgenden Fällen zeigt das *Adjektiv* seine »Größe«:

Kalendertage
der Erste Mai, der Heilige Abend

Sternbilder
der Große Löwe, der Kleine Bär

historische Ereignisse und Epochen
die Jüngere Steinzeit, der Westfälische Friede

**fachsprachliche Bezeichnungen bestimmter Arten
in der Botanik und Zoologie**
der Blaue Enzian, die Gemeine Stubenfliege

Titel, Ehren- und Amtsbezeichnungen
der Heilige Vater, die Königliche Hoheit

■ Achtung: **Feste** Verbindungen, die **keine** Eigennamen sind, werden weiterhin **kleingeschrieben**:

das neue Jahr, das olympische Feuer

Runde 23

Heute Abend und morgen Vormittag – Die Schreibung der Tageszeiten

Nicht nur das *Fleißige Lieschen* des *Ersten Bürgermeisters* zeigt jetzt seine wahre »Größe«! Auch die **Tageszeiten** begegnen uns in neuer Rechtschreibung mit ihren **Großbuchstaben**.

Regel

Tageszeiten nach den *Adverbien* ***vorgestern***, ***gestern***, ***heute***, ***morgen*** und ***übermorgen*** werden **großgeschrieben**.

Alt & Neu im Vergleich

alte Schreibung	neue Schreibung
vorgestern morgen	*vorgestern Morgen*
gestern mittag	*gestern Mittag*
heute abend	*heute Abend*
morgen nachmittag	*morgen Nachmittag*
übermorgen nacht	*übermorgen Nacht*

Besonderheiten

Tageszeiten, die mit einem Wochentag wie *Montag*, *Dienstag* oder *Mittwoch* verbunden sind, schreibt man **groß** und **zusammen**:

> *am Donnerstagabend*
> *am Sonntagnachmittag*
> *am Montagvormittag*

Runde 24

Alles Übrige bestimmt der Einzelne – Die Schreibung von unbestimmten Zahladjektiven

Die neue Rechtschreibung hat dazu geführt, dass mehr Wörter als bisher einen Großbuchstaben bekommen. Dies gilt auch für sogenannte *unbestimmte Zahladjektive*, die Ihnen häufig begegnen und daher besondere Aufmerksamkeit verdienen.

Regel

Unbestimmte Zahladjektive werden **großgeschrieben,** wenn sie einem *Artikel* oder *Pronomen* folgen.

Alt & Neu im Vergleich

alte Schreibung	neue Schreibung
[der / die / das] einzelne	[der / die / das] Einzelne
als einzelne[r]	als Einzelne[r]
jede[r] einzelne	jede[r] Einzelne
[der / die / das] einzige	[der / die / das] Einzige
als einzige[r]	als Einzige[r]
kein[e] einzige[r]	kein[e] Einzige[r]
alles übrige	alles Übrige

Doch wie heißt es so schön: Keine Regel ohne Ausnahme!

Besonderheiten

- Die folgenden vier Wörter werden in allen Beugeformen im Allgemeinen **kleingeschrieben**:

  ein – andere – viel – wenig

  Gleich zwei Beispiele zur Veranschaulichung:

  Die einen singen, die anderen tanzen.
  An der Konferenz nahmen viele teil.
  Nur wenige waren mit dem Inhalt zufrieden.

- Und die Ausnahme von der Ausnahme: Bei diesen vier berühmt-berüchtigten Wörtern ist auch **Großschreibung** zulässig, wenn die Wörter nicht als Beifügungen zu *Substantiven* gebraucht werden:

  Die Einen singen, die Anderen tanzen.

  aber nur:

  Die einen Kinder singen, die anderen Kinder tanzen.

Im Großen und Ganzen sind wir auf dem Laufenden – Die Schreibung von substantivierten Adjektiven in festen Wendungen

Auch bei einigen **festen** Wendungen, bei denen ein *Adjektiv* mit von der Partie ist, wird jetzt **großgeschrieben**:

Regel

Substantivierte *Adjektive* in **festen** Wendungen werden **großgeschrieben**.

Alt & Neu im Vergleich

alte Schreibung	neue Schreibung
im *allgemeinen*	im *Allgemeinen*
im *besonderen*	im *Besonderen*
zum *besten*	zum *Besten*
im *folgenden*	im *Folgenden*
im *geringsten*	im *Geringsten*
im *großen und ganzen*	im *Großen und Ganzen*
im *wesentlichen*	im *Wesentlichen*
um ein *beträchtliches*	um ein *Beträchtliches*
nicht im *entferntesten*	nicht im *Entferntesten*
im *dunkeln tappen* (»nicht Bescheid wissen«)	im *Dunkeln tappen*
ins *trockene bringen* (»sich wirtschaftlich gesichert haben«)	ins *Trockene bringen*
im *trüben fischen* (»unklare Zustände zum eigenen Vorteil ausnutzen«)	im *Trüben fischen*

Besonderheiten

- Bestimmte feste Verbindungen aus *Präposition* und *Adjektiv* ohne vorangehenden *Artikel* zeigen sich weiterhin mit einem **kleinen** Anfangsbuchstaben:

    durch dick und dünn
    über kurz oder lang
    von klein auf
    von nah und fern
    schwarz auf weiß
    grau in grau

- Wenn das *Adjektiv* durch eine *Deklination* sein Aussehen verändert, haben Sie **freie Wahl**:

    von neuem / von Neuem
    von weitem / von Weitem
    bis auf weiteres / bis auf Weiteres
    seit längerem / seit Längerem

Runde 26

Angst machen, aufs Beste regeln & Co. – Einzelfallregelungen

In dieser Runde lernen Sie noch einige Feinheiten der Groß- und Kleinschreibung kennen:

- **Der Fall Angst machen:**
    Die Wörter **angst**, **bange**, **gram**, **leid**, **pleite** und **schuld** werden in Verbindung mit den *Verben* **sein** oder **werden** **kleingeschrieben**:

    Mir ist angst und bange.
    Sie ist mir gram.
    Ich bin das alles leid.
    Die Firma ist pleite.
    Daran ist er schuld.

aber:
> *[jemandem] Angst und Bange machen*
> *[jemandem] Schuld geben*

■ Der Fall Arm und Reich:

Paarformeln für die Bezeichnung von Personen werden jetzt generell **großgeschrieben**:
> *Arm und Reich*
> *Groß und Klein*
> *Jung und Alt*

■ Der Fall auf Deutsch sagen:

Sprachbezeichnungen nach Präpositionen werden ebenfalls **großgeschrieben**:
> *auf Deutsch sagen*
> *dies heißt auf Französisch*
> *der in Englisch geschriebene Brief*

■ Der Fall als Erster:

Auch substantivierte *Ordnungszahlen* werden jetzt generell **großgeschrieben**:
> *als Erster (im Ziel)*
> *als Letzter (fertig werden)*
> *der Nächste (an der Reihe)*

■ Der Fall Hundert / hundert:

Die Wörter **hundert** und **tausend** können **groß-** oder **kleingeschrieben** werden, wenn mit ihnen eine **unbestimmte Menge** bezeichnet wird:
> *mehrere Hundert / hundert Mitarbeiterinnen und Mitarbeiter*
> *viele Tausende / tausende Teilnehmerinnen und Teilnehmer*

■ Der Fall aufs Beste / aufs beste:

Superlative, die mit dem Wort **aufs** gebildet werden, können **groß-** oder **kleingeschrieben** werden:
> *[etwas] aufs Beste regeln / aufs beste regeln,*
> *[jemanden] aufs Herzlichste begrüßen / [jemanden] aufs herzlichste begrüßen*

Die Zeichensetzung

Manuela liest ein Buch [,] und Markus arbeitet im Garten – Die Kommasetzung vor »und« bzw. »oder«

Die Kommasetzung vor den Wörtern **und** bzw. **oder** war bislang mit Vorsicht zu genießen! So musste man zwischen zwei *Hauptsätzen*, die mit einem der beiden Wörter verbunden waren, in der Regel ein Komma setzen.

Die Setzung dieses Kommas ist auch jetzt zulässig, aber **nicht** mehr bindend vorgeschrieben. Es sollte verwendet werden, wenn

- die **Lesbarkeit** des Satzes dadurch verbessert werden kann oder

- mögliche **Missverständnisse** dadurch zu vermeiden sind.

Regel

Hauptsätze, die mit **und** bzw. **oder** verbunden sind, müssen **nicht** mithilfe eines **Kommas** voneinander getrennt werden.

Alt & Neu im Vergleich

alte Zeichensetzung	neue Zeichensetzung
Er suchte einen Parkplatz, **und** *sie besorgte einen Einkaufswagen.*	*Er suchte einen Parkplatz* **[,]** **und** *sie besorgte einen Einkaufswagen.*
Heute Nachmittag arbeite ich am Computer, **oder** *ich lese das Buch zu Ende.*	*Heute Nachmittag arbeite ich am Computer* **[,]** **oder** *ich lese das Buch zu Ende.*

Das Komma vor den Wörtern **und** bzw. **oder** ist erforderlich, wenn ein *Nebensatz* eingeschoben wird:

Wir müssen die Recherche am PC beenden, weil die Online-verbindung nicht mehr hergestellt werden kann, **und** *morgen die Arbeit fortsetzen.*

Runde 28

Sie nahm sich vor [,] die neue Rechtschreibung zu erlernen – Die Kommasetzung bei Infinitivgruppen

Auch bei Sätzen, in denen – vereinfacht gesagt – das Wörtchen *zu* auftaucht, hat sich die Kommasetzung verändert:

Regel

Bei *Infinitivgruppen* **kann** zur Verdeutlichung der **Satzgliederung** oder zur Vermeidung von **Missverständnissen** ein **Komma** gesetzt werden.

Alt & Neu im Vergleich

alte Zeichensetzung	neue Zeichensetzung
Sie versuchte, die Sache *zu klären.*	*Sie versuchte [,] die Sache* *zu klären.*
Die Ursache festzustellen, *ist nicht möglich.*	*Die Ursache festzustellen [,]* *ist nicht möglich.*

Die Zeichensetzung

Besonderheiten

In diesen Fällen ist der Gebrauch des Kommas jedoch **zwingend** erforderlich:

- Die *Infinitiv*gruppe wird mit **als, [an]statt, außer, ohne, um** eingeleitet:

    *Er konnte nichts Besseres tun, **als zu** reiten.*

    *Sie spielte, **[an]statt zu** arbeiten.*

    *Er hatte nichts zu tun, **außer** seine Kollegen ständig **zu** beobachten.*

    *Er sagte dies, **ohne** mich dabei anzusehen.*

    *Er ging in das Geschäft, **um** einen Blumentopf **zu** kaufen.*

- Die *Infinitiv*gruppe hängt von einem *Substantiv* ab:

    *Er fasste den **Gedanken,** die Arbeitsstelle **zu** wechseln.*

    *Sie hat den **Wunsch,** im Beruf Karriere **zu** machen.*

- Die *Infinitiv*gruppe wird durch ein **hinweisendes Wort angekündigt** oder **wieder aufgenommen**:

    *Hier bin ich **dafür,** über das weitere Vorgehen ab**zu**stimmen.*

    *Wichtig ist **es,** sich mit den neuen Regeln auseinander**zu**setzen.*

Und die Ausnahme von der Ausnahme:

- Bei **einfachen** *Infinitiven* mit **zu** ist auch bei hinweisendem Wort und bei Abhängigkeit von einem *Substantiv* das Komma freigestellt:

    *Sie hasste **es** [,] abzuwaschen.*

    *Sein **Vorschlag** [,] **zu** warten [,] wurde begrüßt.*

»Jetzt habe ich mit der neuen Recht-schreibung keine Probleme mehr!«, rief sie. – Die Kommasetzung in Verbindung mit Anführungszeichen

Bei der *direkten Rede* steht der **Begleitsatz** meistens vor oder nach der wörtlich wiedergegebenen Äußerung:

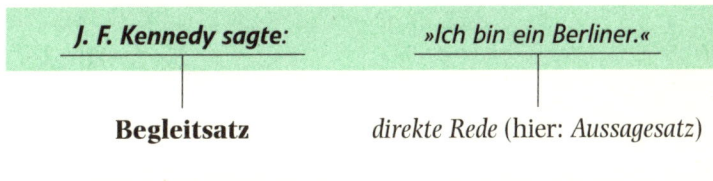

Wenn der Begleitsatz der *direkten Rede* folgt, wird nach dem schließenden Anführungszeichen ein **Komma** gesetzt, wenn es sich bei der wörtlich wiedergegebenen Äußerung um einen *Aussagesatz* handelt.

Dieses **Komma** wird nach den neuen Regeln auch bei *Frage-sätzen* (erkennbar am **?**) und *Ausrufesätzen* (erkennbar am **!**) ge-setzt.

Regel

Folgt einer *direkten Rede* ein **Begleitsatz,** so steht nach dem schließenden Anführungszeichen immer ein **Komma.**

alte Zeichensetzung	neue Zeichensetzung
»Möchten Sie ein Stück Kuchen?« fragte sie.	»Möchten Sie ein Stück Kuchen?«, fragte sie.
»Gehst du mit mir heute ins Kino?« fragte er.	»Gehst du mit mir heute ins Kino?«, fragte er.
»Halten Sie den Dieb!« rief die ältere Dame.	»Halten Sie den Dieb!«, rief die ältere Dame.
»Lass mich doch in Ruhe!« erwiderte Daniela.	»Lass mich doch in Ruhe!«, erwiderte Daniela.

Runde 30

Das *hör* ich gern! – Kein Apostroph für das ausgelassene Schluss-e bei Verbformen

Kaum zu glauben: Sie sind bereits bei der letzten Trainingsrunde gelandet. »Das *hör* ich gern!«, werden Sie bestimmt sagen – und wie Sie solche *Verb*formen schreiben, erfahren Sie jetzt:

Regel

Bei gut lesbaren *Verb*formen wird für das **ausgefallene** Schluss-**e** **kein** *Apostroph* gesetzt.

Alt & Neu im Vergleich

alte Schreibung	neue Schreibung
Ich *bring'* das weg! (für: Ich *bringe* das weg!)	Ich *bring* das weg!
Das *hör'* ich gern! (für: Das *höre* ich gern!)	Das *hör* ich gern!
Ich *komm'* sofort! (für: Ich *komme* sofort!)	Ich *komm* sofort!

Alt & Neu im Vergleich

alte Schreibung	neue Schreibung
Das nehm' ich mir! (für: *Das nehme ich mir!*)	*Das nehm ich mir!*
Dies werd' ich dir sagen! (für: *Dies werde ich dir sagen!*)	*Dies werd ich dir sagen!*

Übrigens:

Bei den umgangssprachlich häufig auftretenden Verkürzungen des *Pronomens* **es** zu **s** ist der Gebrauch des *Apostrophs* zwar nicht falsch, aber meistens **überflüssig.** Schließlich sind diese Formen auch so gut lesbar:

Alt & Neu im Vergleich

alte Schreibung	neue Schreibung
Wie geht's dir heute? (für: *Wie geht es dir heute?*)	*Wie gehts dir heute?* neben: *Wie geht's dir heute?*
Und – wie hat's dir gefallen? (für: *Und – wie hat es dir gefallen?*)	*Und – wie hats dir gefallen?* neben: *Und – wie hat's dir gefallen?*
Sag's ihr doch mal! (für: *Sag es ihr doch mal!*)	*Sags ihr doch mal!* neben: *Sag's ihr doch mal!*
Wenn's mal passt! (für: *Wenn es mal passt!*)	*Wenns mal passt!* neben: *Wenn's mal passt!*

Langer Rede kurzer Sinn:

Das wars …!

Grammatische Fachbegriffe

Hinweis: *Der nach rechts gerichtete Pfeil → steht anstelle des Wortes »siehe« und verweist auf andere Stellen innerhalb dieses Kapitels.*

Adjektiv, das: *Eigenschaftswort.* Adjektive bezeichnen die Eigenschaften oder Merkmale von Lebewesen, Dingen, Vorgängen und Zuständen. Beispiele: *gut, schlecht, heiß, kalt, groß, klein, alt, neu, klug, mutig, ängstlich, schwierig, wichtig.*

Adverb, das: *Umstandswort.* Adverbien bestimmen die Umstände oder Zustände eines Geschehens näher. Sie geben Auskunft über den Ort (*oben, unten*), die Zeit (*gestern, heute*), die Art und Weise (*sehr, gern*) sowie den Grund (*deshalb, darum*) des Geschehens.

Apostroph, der: *Auslassungszeichen (').* Mit dem Apostroph wird zum Teil das Fehlen eines Buchstabens oder mehrerer Buchstaben in einem Wort gekennzeichnet. Beispiele: *'s ist so weit* (für: *es ist so weit*), *Ku'damm* (für: *Kurfürstendamm*). Außerdem wird der Apostroph zur Kennzeichnung des Genitivs (zweiter Fall) von Namen gesetzt, die auf *s, ss, ß, tz, z* oder *x* enden. Beispiele: *Claudius' Gedichte, Heinz' Geburtstag, Marx' Philosophie.*

Artikel, der: *Geschlechtswort.* Artikel sind die Begleiter des → **Substantivs** und zeigen das grammatische Geschlecht an. Zu den Artikeln gehören die Wörter *der, die, das, ein* und *eine.*

Ausrufesatz, der: *Aufforderungssatz.* Der Ausrufesatz ist eine Satzart, in der eine Anweisung, eine Aufforderung oder ein Befehl gegeben wird. Nach einem Ausrufesatz wird in der Regel ein Ausrufezeichen gesetzt. Beispiel: *Alle mal zuhören!* – Zu den Satzarten gehören neben dem Ausrufesatz auch der → **Aussagesatz** und der → **Fragesatz**.

Aussagesatz, der: *Mitteilungssatz.* Der Aussagesatz ist eine Satzart, in der etwas mitgeteilt oder festgestellt wird. Nach einem Aussagesatz wird in der Regel ein Punkt gesetzt. Beispiel: *Die* *neue Rechtschreibung wurde am 1. August 1998 eingeführt. –* Zu den Satzarten gehören neben dem Aussagesatz auch der → **Ausrufesatz** und der → **Fragesatz**.

direkte Rede, die: *wörtliche Rede.* Die direkte Rede gibt eine Äußerung in Originalfassung, also wortwörtlich, wieder. Beispiel: *Andreas sagte: »Heute gehe ich ins Schwimmbad.«*

Deklination [des Adjektivs], die: *Beugung [des Eigenschaftsworts].* Bei der Deklination des → **Adjektivs** wird das Wort in seiner Form verändert. Im Regelfall wird dies durch eine Endung sichtbar. Beispiele: *eine warme Mahlzeit, ein harter Stein, ein weiches Material.*

Doppellaut, der: *Zwielaut, Diphthong.* Zu den Doppellauten gehören *ei, ai, eu, au, äu.*

Eigenname, der: Eigennamen sind → **Substantive** und bezeichnen ein einzelnes Lebewesen oder eine einzelne Sache. Zu den Eigennamen gehören Personennamen (*Konrad Duden*), geografische Namen (*Europa, Deutschland, Bayern, München*), Namen von Bauwerken und Himmelskörpern (*der Schiefe Turm von Pisa, der Große Wagen*) sowie Namen von Einrichtungen und Institutionen (*Vereinte Nationen, Deutscher Bundestag*). Auch historische Ereignisse (*Zweiter Weltkrieg*), Titel, Ehren- und Amtsbezeichnungen (*Heiliger Vater*) sowie feste fachsprachliche Begriffe (*der Rote Milan*) werden als Eigennamen angesehen.

Fragesatz, der: Der Fragesatz ist eine Satzart, in der eine Frage gestellt wird. Nach einem Fragesatz wird in der Regel ein Fragezeichen gesetzt. Beispiel: *Wohin fahren Sie in den Urlaub?* – Zu den Satzarten gehören neben dem Fragesatz auch der → **Ausrufesatz** und der → **Aussagesatz**.

Hauptsatz, der: Hauptsätze sind eigenständige Sätze und können – im Gegensatz zum → **Nebensatz** – allein stehen. Beispiele: *Er liest. Sie schreibt. Das Kind malt.*

Infinitiv, der: *Grundform, Nennform.* Unveränderte Form des → **Verbs**, die auch in Wörterbüchern und Lexika zu finden ist.

Beispiele: *singen* (dagegen verändert: *[du] singst, [wir haben] gesungen*), *spielen* (dagegen verändert: *[ich] spiele, [sie haben] gespielt*).

Konjunktion, die: *Bindewort.* Konjunktionen verbinden Sätze, Satzglieder und einzelne Wörter miteinander. Beispiele: *und, oder, aber, deshalb, dass, jedoch, als, während, damit, weil, entweder – oder, sowohl – als auch, weder – noch.* ·

Konsonant, der: *Mitlaut.* Konsonanten sind Laute, die nur in Verbindung mit einem → **Vokal** gesprochen werden können: *b, c, d, f, g, h, j, k, l, m, n, p, q, r, s, t, v, w, x, y, z.* – Gegensatz: → **Vokal**.

Nachsilbe, die: *Suffix.* Nachsilben sind Wortbausteine, die am Ende eines Wortes stehen. Beispiele: *versehent<u>lich</u>, kräf<u>tig</u>, selt<u>sam</u>, glaub<u>haft</u>, kind<u>isch</u>.*

Nebensatz, der: *Gliedsatz.* Nebensätze sind von einem anderen Satz abhängig und können – im Gegensatz zum → **Hauptsatz** – nicht allein stehen. Beispiele: *Wir freuen uns, <u>dass Sie sich für uns Zeit genommen haben.</u> <u>Falls wir eine Einladung erhalten,</u> kommen wir. Das Mailing, <u>das ich momentan verfasse,</u> muss morgen versandt werden.*

Ordnungszahl, die: *Ordinalzahl.* Ordnungszahlen bezeichnen die Reihenfolge von Personen und Dingen. Beispiele: *erster, zweiter, dritter, hundertster, tausendster, zehntausendster.*

Plural, der: *Mehrzahl.* Der Plural zeigt an, dass es sich um mehrere Personen, Lebewesen und Dinge handelt. Beispiele: *Menschen, Männer, Frauen, Löwen, Affen, Rosen.* → auch **Substantiv**.

Präposition, die: *Verhältniswort.* Präpositionen fügen Satzglieder in einen Satz ein und kennzeichnen Beziehungen verschiedener Art. Beispiele: *auf, hinter, unter, neben; um, bis, bei, nach; mit, ohne, von, wegen.*

Pronomen, das: *Fürwort.* Bei den Pronomen sind zahlreiche Untergruppen zu verzeichnen. Hier eine Auswahl:

- **Personalpronomen** oder **persönliche Fürwörter:**
  ich, du / Sie, er, sie, es, wir, ihr / Sie, sie
- **Relativpronomen** oder **bezügliche Fürwörter:**
  der, die, das, welche, welcher, welches
- **Reflexivpronomen** oder **rückbezügliche Fürwörter:**
  sich, mir, mich, dir, dich, euer
- **Demonstrativpronomen** oder **hinweisende Fürwörter:**
  diese, dieser, dieses, jene, jener, jenes, selbst, selber
- **Possessivpronomen** oder **besitzanzeigende Fürwörter:**
  mein, dein / ihr, sein, unser, euer / Ihr, ihr
- **Anredepronomen** oder **Anredefürwörter:**
  du, ihr (vertraute Anrede); *Sie, Ihrer, Ihnen* (Höflichkeitsform)

Substantiv, das: Hauptwort, Namenwort, Nomen. Substantive bezeichnen Personen, andere Lebewesen, konkrete Dinge sowie abstrakte Begriffe. Beispiele: *Mensch, Mann, Frau, Löwe, Affe, Rose, Tisch, Stuhl, Freiheit, Freundschaft, Hoffnung, Treue.*

Superlativ, der: Meiststufe, Höchststufe. Der Superlativ ist die zweite Steigerungsstufe des → *Adjektivs* und wird mit der → *Nachsilbe* -st oder -est gebildet. Beispiele: *kleinste, längste, weiteste, interessanteste.*

unbestimmtes Zahladjektiv → *Zahladjektiv, unbestimmtes.*

Verb, das: Zeitwort, Tätigkeitswort, Tunwort. Mit Verben werden Handlungen, Vorgänge und Zustände beschrieben. Beispiele: *lesen, schreiben, essen, singen, tanzen, regnen, wachsen, schlafen, leben, helfen, leuchten, riechen, fühlen.*

Vokal, der: Selbstlaut. Vokale sind Laute, die für sich allein klingen: *a, e, i, o, u.* Auch die Umlaute *ä, ö, ü* werden zu den Vokalen gezählt. – Gegensatz: → *Konsonant.*

Zahladjektiv, unbestimmtes: unbestimmtes Zahlwort. Mit unbestimmten Zahladjektiven werden nicht zählbare Mengen und Größen bezeichnet. Beispiele: *wenige, viele, alle, jeder, einzelne, einige, mehrere, etliche, ein paar, verschiedene.*

Von **A**bend bis **Z**uschuss – 300 Neuschreibungen, an denen Sie nicht vorbeikommen

Diese Duden-geprüfte Wörterliste verzeichnet 300 typische Neuschreibungen, die Sie sich merken sollten.

Die linke Spalte verzeichnet die Wörter und Wendungen in alter Rechtschreibung; die rechte Spalte gibt die neuen Schreibweisen nach der Reform wieder. Mit einem Schrägstrich sind Schreibvarianten voneinander abgetrennt.

alte Schreibung	neue Schreibung

A

abend / Abend	
gestern / heute abend	gestern / heute Abend
Montag abend	Montagabend
abends	
Montag abends	montagabends
Abfluß	**Abfluss**
Abriß	**Abriss**
Abschluß	**Abschluss**
Abschuß	**Abschuss**
acht / Acht	
acht geben	Acht geben / achtgeben *(aber nur:* sehr, gut, genau achtgeben; große Acht geben*)*
in acht nehmen	in Acht nehmen
acht–	
achtmal	achtmal / acht Mal *(bei besonderer Betonung)*
8fach	8fach / 8-fach
das 8fache	das 8fache / 8-Fache

alte Schreibung	neue Schreibung

ähnliches
und / oder ähnliches
(u. ä. / o. ä.)

allein
alleinerziehend
alleinseligmachend

allgemein
im allgemeinen
allgemeingültig
allgemeinverständlich

allzu
allzubald
allzugern

Alptraum

Anbiß

anders
andersdenkend
anderslautend

Anlaß

Anschluß

Anschlußstelle

Aufschluß

Aufsehen
aufsehenerregend

auf seiten

aufwendig

Ausfluß

Ausguß

Ausschluß

Ausschuß

Ähnliches
und / oder Ähnliches
(u. Ä. / o. Ä.)

allein erziehend / alleinerziehend
allein seligmachend / allein selig
machend

im Allgemeinen
allgemein gültig / allgemeingültig
allgemein verständlich /
allgemeinverständlich

allzu bald
allzu gern

Alptraum / Albtraum

Anbiss

anders denkend / andersdenkend
anders lautend / anderslautend

Anlass

Anschluss

Anschlussstelle / Anschluss-Stelle

Aufschluss

Aufsehen erregend /
aufsehenerregend

aufseiten / auf Seiten

aufwendig / aufwändig

Ausfluss

Ausguss

Ausschluss

Ausschuss

B

bange / Bange
  jemandem angst und   jemandem Angst und
    bange machen   Bange machen
bankrott
  bankrott gehen   bankrottgehen
Baß   **Bass**
befaßt   **befasst**
behende   **behände**
bekannt
  bekanntgeben   bekannt geben / bekanntgeben
  bekanntmachen   bekannt machen / bekanntmachen
belemmert   **belämmert**
beliebig
  alles / jeder beliebige   alles / jeder Beliebige
Bendel   **Bändel**
bereit
  bereiterklären   bereit erklären / bereiterklären
  bereitmachen   bereit machen / bereitmachen
Beschiß   **Beschiss**
Beschluß   **Beschluss**
Beschuß   **Beschuss**
besser / beste
  bessergehen   besser gehen / bessergehen
  zum besten geben / halten   zum Besten geben / halten
Bettuch   **Betttuch / Bett-Tuch**
Bezug
  in bezug auf   in Bezug auf
Biß   **Biss**
bißchen   **bisschen**
blaß   **blass**
Boß   **Boss**
Brennessel   **Brennnessel / Brenn-Nessel**
Busineß   **Business**

alte Schreibung	neue Schreibung

C

Cleverneß	**Cleverness**
Comeback	**Comeback / Come-back**
Countdown	**Countdown / Count-down**

D

da	
dasein	da sein
dagewesen	da gewesen / dagewesen
daheim	
daheim bleiben	daheimbleiben
daß	**dass**
Dein / dein	
Dein (*in Briefen*)	dein (*in Briefen auch:* Dein)
Delphin	**Delphin / Delfin**
deutsch / Deutsch	
auf / in deutsch	auf / in Deutsch
Diät	
diät leben	Diät leben
Dich / dich	
Dich (*in Briefen*)	dich (*in Briefen auch:* Dich)
dicht	
dichtbehaart	dicht behaart / dichtbehaart
dunkel	
im dunkeln lassen / tappen	im Dunkeln lassen / tappen
dußlig	**dusslig**

E

ebenso	
ebensogut	ebenso gut
ebensolange	ebenso lange
Eid	
an Eides Statt	an Eides statt
einbleuen	**einbläuen**
Einfluß	**Einfluss**

Einlaß	**Einlass**
Einschuß	**Einschuss**
einzelne / Einzelne	
der / die / das einzelne	der / die / das Einzelne
im einzelnen	im Einzelnen
Ekel	
ekelerregend	Ekel erregend / ekelerregend
Entschluß	**Entschluss**
Erfolg	
erfolgversprechend	Erfolg versprechend / erfolgversprechend
Erlaß	**Erlass**
erste / Erste	
der / die / das erste	der / die / das Erste
als erster	als Erster
eßbar	**essbar**
Euch / euch	
Euch (*in Briefen*)	euch (*in Briefen auch:* Euch)

F

Fairneß	**Fairness**
Faß	**Fass**
Fast food	**Fastfood / Fast Food**
Feedback	**Feedback / Feed-back**
Fitneß	**Fitness**
Fitneßstudio	**Fitnessstudio / Fitness-Studio**
Fluß	**Fluss**
Fön	**Föhn** (*Haartrockner; als Markenname weiterhin:* **Fön**)
folgend	
folgendes	Folgendes
im folgenden	im Folgenden
Friteuse	**Fritteuse**
fritieren	**frittieren**

alte Schreibung	neue Schreibung

Furcht
furchterregend   Furcht erregend / furchterregend
fußlig   **fusslig**

G

ganz
im großen und ganzen   im Großen und Ganzen
Gebiß   **Gebiss**
gefangen
gefangengenommen   gefangen genommen /
                                     gefangengenommen

gefangenhalten   gefangen halten
gefangennehmen   gefangen nehmen
Gemse   **Gämse**
genau
genausogut   genauso gut
Genuß   **Genuss**
Geographie   **Geographie / Geografie**
gerade
geradehalten   gerade halten
geraderichten   gerade richten / geraderichten
gering
geringachten   gering achten / geringachten
geringschätzen   gering schätzen / geringschätzen
nicht das geringste   nicht das Geringste
im geringsten   im Geringsten
getrennt
getrenntlebend   getrennt lebend / getrenntlebend
Gewinn
gewinnbringend   Gewinn bringend /
                                     gewinnbringend

gewiß   **gewiss**
glatt
glatthobeln   glatt hobeln / glatthobeln
glattkämmen   glatt kämmen / glattkämmen

alte Schreibung	neue Schreibung

gleich
  der / die / das gleiche   der / die / das Gleiche
  gleichdenkend   gleich denkend / gleichdenkend
Grammophon   **Grammophon / Grammofon**
gräßlich   **grässlich**
Grauen
  grauenerregend   Grauen erregend / grauenerregend
Greuel   **Gräuel**
groß
  für groß und klein   für Groß und Klein
  im großen und ganzen   im Großen und Ganzen
Guß   **Guss**

H

Halt
  Halt rufen   Halt / halt rufen
  haltmachen   Halt machen / haltmachen
Hämorrhoide   **Hämorrhoide / Hämorride**
Happy-End   **Happyend / Happy End**
Haß   **Hass**
  häßlich   hässlich
Hawaii-Insel   **Hawaiiinsel / Hawaii-Insel**
hier
  hierzulande   hierzulande / hier zu Lande
Hilfe
  hilfesuchend   Hilfe suchend / hilfesuchend
Hosteß   **Hostess**

I / J

Imbiß   **Imbiss**
imstande   **imstande / im Stande**
irgend
  irgend etwas   irgendetwas
  irgend jemand   irgendjemand
Jäheit   **Jähheit**
Joghurt   **Joghurt / Jogurt**

alte Schreibung	neue Schreibung

K

Kaffee-Ernte	**Kaffeeernte / Kaffee-Ernte**
Känguruh	**Känguru**
Karamel	**Karamell**
kennen	
kennenlernen	kennen lernen / kennenlernen
keß	**kess**
Ketchup	**Ketchup / Ketschup**
klein	
kleinhacken	klein hacken / kleinhacken
kleinschneiden	klein schneiden / kleinschneiden
bis ins kleinste	bis ins Kleinste
Koloß	**Koloss**
Kompaß	**Kompass**
Kompromiß	**Kompromiss**
Kongreß	**Kongress**
Kontrollampe	**Kontrolllampe / Kontroll-Lampe**
Kraft	
kraftraubend	Kraft raubend / kraftraubend
kraß	**krass**
kroß	**kross**
Kuß	**Kuss**

L

Land	
hierzulande	hierzulande / hier zu Lande
Lasten	
zu Lasten	zulasten / zu Lasten
laufenden / Laufenden	
auf dem laufenden sein	auf dem Laufenden sein
leicht	
leichtbekömmlich	leicht bekömmlich / leichtbekömmlich
leichtentzündlich	leicht entzündlich / leichtentzündlich

alte Schreibung	neue Schreibung
leichtverdaulich	leicht verdaulich / leichtverdaulich
leichtverderblich	leicht verderblich / leichtverderblich
leichtverständlich	leicht verständlich / leichtverständlich
leid / Leid	
leid tun	leidtun
zuleide tun	zuleide / zu Leide tun

mal / Mal	
1mal	1-mal
sovielmal	sovielmal / so viel Mal
wievielmal	wievielmal / wie viel Mal
Mesner	**Mesner / Messner**
Midlife-crisis	**Midlifecrises / Midlife-Crisis**
mißachten	**missachten**
Mop	**Mopp**
Mund	
einen Mundvoll	einen Mundvoll / Mund voll
muß	**muss**

Nachlaß	**Nachlass**
Narziß	**Narziss**
naß	**nass**
noch mal	**noch mal / nochmal**
Not	
notleidend	Not leidend / notleidend (*aber nur:* äußerst notleidend; große Not leidend)
numerieren	**nummerieren**
Nuß	**Nuss**

alte Schreibung	neue Schreibung

O

öfter
des öfteren — des Öfteren

P / Q

Paragraph — **Paragraph / Paragraf**
Paß — **Pass**
plazieren — **platzieren**
Pleite
pleite gehen — pleitegehen
Potential — **Potential / Potenzial**
potentiell — potentiell / potenziell
Probe
probefahren — Probe fahren
probelaufen — Probe laufen
Prozeß — **Prozess**
Quentchen — **Quäntchen**

R

Rad
radfahren — Rad fahren
radschlagen — Rad schlagen
rauh — **rau**
recht / Recht
recht behalten — recht / Recht behalten
recht haben — recht / Recht haben
Rezeß — **Rezess**
Riß — **Riss**
Roheit — **Rohheit**
Roß — **Ross**
Rußland — **Russland**

S

sauber
sauberhalten — sauber halten
saubermachen — saubermachen / sauber machen

alte Schreibung	neue Schreibung
Schenke	**Schenke / Schänke**
scheu	
scheu machen	scheu machen / scheumachen
Schiffahrt	**Schifffahrt / Schiff-Fahrt**
Schloß	**Schloss**
Schluß	**Schluss**
schneuzen	**schnäuzen**
schuld / Schuld	
schuld geben	Schuld geben
schuld haben	Schuld haben
zuschulden kommen lassen	zuschulden / zu Schulden kommen lassen
Schuß	**Schuss**
Seite	
auf seiten	aufseiten / auf Seiten
von seiten	vonseiten / von Seiten
selbst	
selbstgebacken	selbstgebacken / selbst gebacken
selbstgebraut	selbstgebraut / selbst gebraut
selbstgedreht	selbstgedreht / selbst gedreht
selbständig	**selbständig / selbstständig**
seßhaft	**sesshaft**
so	
so daß	so dass / sodass
sogenannt	so genannt / sogenannt
soviel für heute	so viel für heute
Spaghetti	**Spaghetti / Spagetti**
spazieren	
spazierenfahren	spazieren fahren
spazierengehen	spazieren gehen
Stand	
außerstande	außerstande / außer Stande
imstande	imstande / im Stande
statt	
statt dessen	stattdessen *(dafür)*
Stengel	**Stängel**

alte Schreibung	neue Schreibung
Stewardeß	**Stewardess**
Stilleben	**Stillleben / Still-Leben**
Stop	**Stopp**
Streß	**Stress**
Stukkateur	**Stuckateur**

T

Thunfisch	**Thunfisch / Tunfisch**
Tip	**Tipp**
Tolpatsch	**Tollpatsch**
trocken	
auf dem trockenen sitzen	auf dem Trockenen sitzen
ins trockene bringen	ins Trockene bringen
tschüs	**tschüs / tschüss**

U

Überschuß	**Überschuss**
überschwenglich	**überschwänglich**
übrig	
alles übrige	alles Übrige
unbewußt	**unbewusst**
unerläßlich	**unerlässlich**
ungewiß	**ungewiss**
Ungunst	
zuungunsten	zuungunsten / zu Ungunsten
unmißverständlich	**unmissverständlich**
unselbständig	**unselbständig / unselbstständig**

V

verbleuen	**verbläuen**
...druß	**Verdruss**
...ßt	**verfasst**
...ßlich	**vergesslich**
...ren	
...orengehen	verlorengehen / verloren gehen
...hluß	**Verschluss**

alte Schreibung	neue Schreibung
von seiten	vonseiten / von Seiten
Vorschuß	Vorschuss

W

alte Schreibung	neue Schreibung
Waggon	Waggon / Wagon
wäßrig	wässrig
weit	
weitreichend	weit reichend / weitreichend
weitverbreitet	weit verbreitet / weitverbreitet
bis auf weiteres	bis auf weiteres / Weiteres
wieviel	wie viel

X / Z

alte Schreibung	neue Schreibung
X-beinig	X-beinig / x-beinig
X-fache	x-fache
Zäheit	Zähheit
Zeit	
eine Zeitlang	eine Zeitlang / Zeit lang
zur Zeit	zurzeit *(derzeit)*
Zierat	Zierrat
zu	
zugrunde gehen	zugrunde / zu Grunde gehen
zugunsten	zugunsten / zu Gunsten
zuleide tun	zuleide / zu Leide tun
zumute sein	zumute / zu Mute sein
zunutze machen	zunutze / zu Nutze machen
zurate ziehen	zurate / zu Rate ziehen
sich etwas zuschulden kommen lassen	sich etwas zuschulden / zu Schulden kommen lassen
zuungunsten	zuungunsten / zu Ungunsten
zuwege bringen	zuwege / zu Wege bringen
Zufluß	Zufluss
zufrieden	
zufriedenstellen	zufriedenstellen / zufrieden st[e]
zur Zeit	zurzeit *(derzeit)*
Zuschuß	Zuschuss

ellen

Ve.
vert.
verge
verl
ver.
Vers